...हूँ तुम्हारा

विनोद कुमार पहिलाजानी

HOLISTIC Publishing

Published by "The Great Indian Book Tour"
Imprint : Holistic Publishing
www.tgibt.com
106/91, Ashok marg, Vijay path
Mansarover, Jaipur, Rajasthan-302020
Phone : +91-72400-68114
email : prashant@tgibt.com

Title : ...हूँ तुम्हारा
Author : **Vinod Kumar Pahilajani**

First published in 2023
First Edition 2023
Printed in India
Printer : Manipal Technologies
ISBN : 978-93-93262-29-5
Price : INR 250

शब्द जब मिलते नहीं मन के,
प्रेम तब इंगित दिखाता है,
बोलने में लाज जब लगती,
प्रेम तब लिखना सिखाता है।

– रामधारी सिंह "दिनकर"

लेखक परिचय

कवि, लेखक व वर्णनकर्ता, विनोद कुमार पहिलाजानी ने इंजीनियरिंग करने के बाद ऑटो इलेक्ट्रिकल पार्ट्स का व्यवसाय शुरू किया। हिंदी और उर्दू कविताएं लिखना, पढ़ना इनका शौक रहा है। और इसी शौक को उन्होंने कई मंचों पर लोगों के सामने प्रस्तुत भी किया है। अपना पहला कविता संग्रह "जो आधा अधूरा कह दूं तो", जो कि उनकी 21 बेहतरीन कविताओं का संकलन है, उसकी सफलता के बाद नया संग्रह और नई 21 कविताएँ "...हूँ तुम्हारा" को सबके समक्ष रखने का प्रयास है, आशा करते है इस प्रयास को उससे भी अधिक प्रेम देकर, प्रेम की परिभाषा को पूर्ण करेंगे।।

प्रस्तावना

कविताओं के कई स्वरूप होते हैं, किंतु भावनाओं को व्यक्त करने का यह सबसे सरल साधन है। ये दूसरा संकलन है प्रेम का जिसमे हमारा यह प्रयास है की मन के भीतर तक पहुँच कर आत्मन्थन करें और प्रेम को समझने और समझाने का प्रयास करें।

वैसे तो प्रेम अनिवर्चनीय है, इसका वर्णन नहीं हो सकता, प्रेम केवल महसूस हो सकता है यह एक आत्मिक प्रक्रिया है, प्रेम में ही शांति निहित है। प्रेम व्यापार नहीं है प्रेम केवल व्यवहार है, जो मनुष्य को मनुष्य होने का एहसास कराता है... प्रयास का सफल होना प्रेम का सफल होना समझिये। प्रेम कीजिए, आप ईश्वरीय शक्तियों से परिपूर्ण हो जाएँगे, फिर वो एक तरफ़ा ही क्यूँ ना हो॥

क्रम

ख़ाली ख़तों की गठरी में,
बस इक पत्ता गुलाब था..
सिर्फ़ उस पर "तुम" लिखा था,
और कुछ ना ख़ास था..
मेरी सारी मन की बातें,
ख़ाली काग़ज़ कह गया..
...हूँ "तुम्हारा" आख़िरी में,

ख़त पर लिखा रह गया..

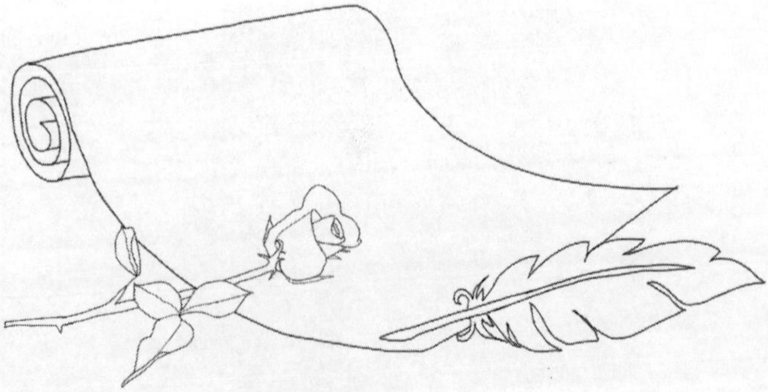

...हूँ तुम्हारा

गुज़रती दौड़ती इस
ज़िंदगी की, कुछ रातें बाक़ी हैं
रह गई थी जो कहने से
वो सारी बातें बाक़ी हैं
मिलने के जो वादे थे
वो जो हो ना सके पूरे
वो ही मिलने मिलाने की
मुलाक़ातें बाक़ी हैं..
ज़मीं से आसमाँ तक
बस तुमको ही पुकारा हूँ
तुम्हारा हूँ, तुम्हारा हूँ
प्रियवर, मैं तुम्हारा हूँ...

मेरे जिज्ञास में तुम हो
मेरी हर प्यास में तुम हो
धड़कते दिल की धड़कन तुम
मेरी हर साँस में तुम हो

कभी देखूँ इधर तुम हो
कभी देखूँ उधर तुम हो
यूँ लगता है ही अक्सर मेरे
आस पास तुम हो
नदी तुम हो कल कल करती
मैं तो बस किनारा हूँ
तुम्हारा हूँ, तुम्हारा हूँ
प्रियवर, मैं तुम्हारा हूँ...

तुम हो रोशनी सूरज की
तुम्हें कब देख सकते हैं
फूलों की सुगंध तुम हो
भवरें आह भरते हैं
सावन की घटा तुमसे
बादल भी तुम्हीं से
पूछ कर ही तो बरसते हैं
तुम हो चाँदनी पूनम की
सितारे तुम पे मरते हैं
तुम्हारे प्यार के इस आसमाँ का
टूटा सा सितारा हूँ

तुम्हारा हूँ, तुम्हारा हूँ
प्रियवर, मैं तुम्हारा हूँ...

मुझे मालूम है तुम
हो नहीं सकती कभी मेरी
मैं यह भी जानता हूँ
थी रही होगी मजबूरी
दिलों से दिल मिले तो
दूरी होती नहीं दूरी
इक आरज़ू बाक़ी है
केवल इक तमन्ना है
तुम मेरी हो बस कह दो
क्योंकि मैं तुम्हारा हूँ
तुम्हारा हूँ, तुम्हारा हूँ
प्रियवर, मैं तुम्हारा हूँ...

तुम्हारे दाग़ भी भाते हैं मुझे,

यूँ चाँद को चाहना आसाँ नहीं होता ...

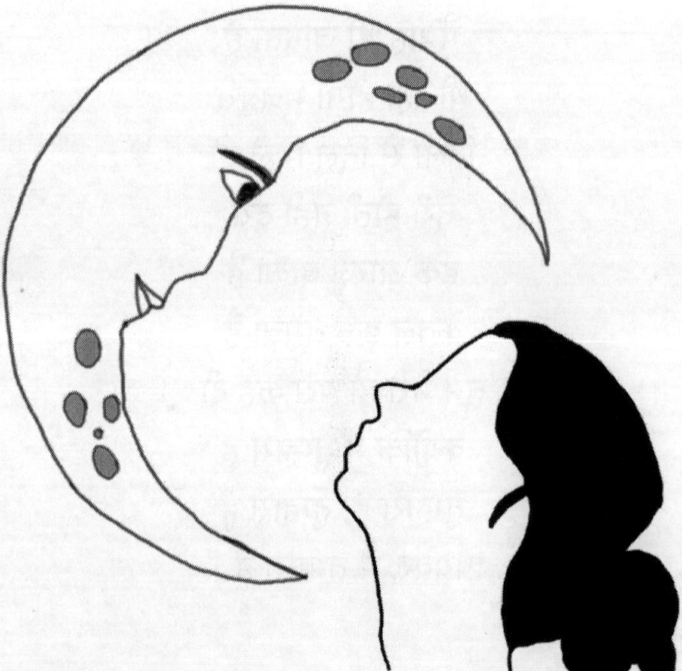

चाँद तो दिखता था...

कूचा-ए-जानाँ से गुज़रना,
इम्तिहान सा लगता था..
चाँद तो दिखता था मगर,
बदग़ुमा सा लगता था...

बात क़िस्मत की है
जो हम तुम मिले
वर्ना मुझसे मिलने को
हुस्न का ताँता सा लगता था
चाँद तो दिखता था मगर,
बदग़ुमा सा लगता था..

भीड़ में शहर की,
अब भी ढूँढता हूँ उसे..
जाने कहाँ देखा था उसको,
आशना सा लगता था..

चाँद तो दिखता था मगर,
बदगुमा सा लगता था..

अब उलफ़त की बात
हो तो कैसे हो
ऐसे में मुलाक़ात
हो तो कैसे हो
अरे दिल की बात
हो तो कैसे हो
मिलना तुमसे इक
सपना सा लगता था
चाँद तो दिखता था मगर,
बदगुमा सा लगता था..

तुम ना थे, तब भी साथ रहे,
भूले भी नहीं, ना याद रहे..
मैं हर लम्हें से बांधा तुमको,
पर फिर भी तुम आज़ाद रहे..

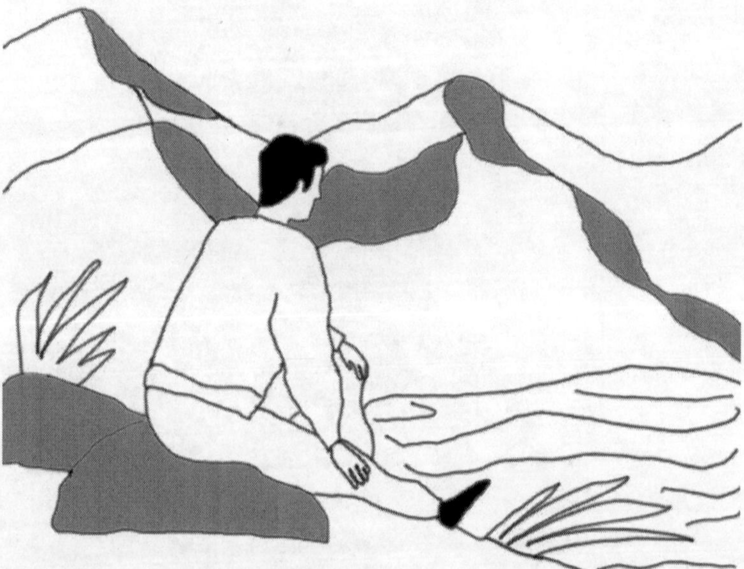

कुछ कुछ याद रहता है
कुछ कुछ भूल जाता हूँ

मैं इन रास्तों में मंज़िल का
पता भूल जाता हूँ..

याद रह जातीं हैं,
कुछ मुस्कुराहटें..
कुछ ख़ामोशियाँ,
कुछ बातें जो कह ना पाया..
कुछ अध-लिखे ख़त,
इधर उधर की बाक़ी,
सब बातें याद हैं मुझे..
पर तुम्हें याद करते करते,
मैं सब कुछ भूल जाता हूँ..
कुछ कुछ याद रहता है,
कुछ कुछ भूल जाता हूँ..

तुम्हारे फ़ोन का नम्बर भी
मुझको याद रहता है
तुमसे बात क्या करनी है
ये भी याद रहता है
तुमको कॉल कब करना है
ये मालूम है मुझे
तुम्हारी आवाज़ सुन कर
पर मैं सब कुछ भूल जाता हूँ
मैं इन रास्तों में मंज़िल का
पता भूल जाता हूँ
कुछ कुछ याद रहता है
कुछ कुछ भूल जाता हूँ

पहाड़ों की वो वादियाँ,
जहाँ हम बैठ कर..
थोड़े समय में,
सदियाँ बिताया करते थे...
वो सब याद है मुझे...
नदी का किनारा,
जिसके बहते पानी की तरंगे,

और तुम्हारी आवाज़,
इक गीत बनाती थी..
वो भी याद है मुझे...
कई फूल और तितलियाँ,
भी जानती हैं मुझे,
मेरे कदमों के आहट से,
पहचानती हैं मुझे..
वहाँ तक पहुँचना कैसे है,
बस वो मैं भूल जाता हूँ..
कुछ कुछ याद रहता है,
कुछ कुछ भूल जाता हूँ..

तुम्हारे चाँद से चेहरे पे,
भूरी भूरी सी वो आँखें..
हल्के गुलाबी होंठों की,
ख़ामोश कुछ बातें..
याद हैं मुझे...
ज़ुल्फ़ों का घूम कर,
इक तरफ़ा लहराना..
और धीमे से मेरे कानो में,

वो ही,
जो सब कहते हैं, कह जाना..
याद हैं मुझे...
वो तेज़ चलती धड़कने,
और तुम्हारी साँसो में,
ज़िंदगी की महक..
याद है मुझे...
बस अपनी साँस लेना ही,
मैं अक्सर भूल जाता हूँ..
कुछ कुछ याद रहता है,
कुछ कुछ भूल जाता हूँ..

काँधे पर सर रख कर,
बस का सफ़र, याद है मुझे..
जूट की सीटों से निकले रेशे,
जो मख़मल का अहसास कराते थे,
खिड़की से तेज़ हवा के झोंके,
तेरी महक मुझ तक पहुँचाते थे,
बस के हल्के-फुल्के झटके भी तो,
तुझे क़रीब मेरे लाते थे,

हो सकता है, याद हों तुझे..
क्यूँकि, याद है मुझे...
और कुछ जो रह गया वो,
हाथों में हाथों का पसीना,
और कुछ बे-मतलब की बातें,
कुछ ताना-बाना,
सब, याद हैं मुझे..
पर जिसकी हो रही बात,
उस बस का नम्बर ही,
मैं बस भूल जाता हूँ..
कुछ कुछ याद रहता है,
कुछ कुछ भूल जाता हूँ..

समंदर किनारे रेतों के टीलों,
नीचे छिपाए वो सीप और शंख,
याद हैं मुझे..
उसी किनारे तारों सी छनीं,
रातों के दो चाँद भी,
याद हैं मुझे..
लहरों का वो लहराना, और

पैरों को पानी में खो जाना,
फिर नीचे से ज़मीन का,
धीमे धीमे गुम जाना,
याद है मुझे..
वो देखना और देखना,
बस तुम्हें देखते रहना,
याद है मुझे..
जो पहले भी होता था,
कि किसी टीले पे,
चप्पल रख कर मैं भूल जाता था,
वो अब भी भूल जाता हूँ..
कुछ कुछ याद रहता है,
कुछ कुछ भूल जाता हूँ...

मुझे तुम्हारा साथ
अब भूलना है
हर मुलाक़ात को
आँखों में गुज़ारी रात को
और संग भीगी
बरसात को भी भूलना है

ये भी बाक़ी रह गया है
कि तुमको भुलाऊँ
और जो कुछ भी याद है
उसे ज़हन से हटाऊँ
ये सब काम याद है मुझे
पर सब करने के
तौर-तरीक़े मैं भूल जाता हूँ
मैं इन रास्तों में मंज़िल का
पता भूल जाता
कुछ कुछ याद रहता है
कुछ कुछ भूल जाता हूँ...

पीला रंग, हरियाली के संग,
नव कोपल, नव निर्माण लिए..
हर मन नई उमंग है छाई,
ख़ुशियों का आह्वान लिए..
पीली सरसों के खेतों में,
रंगो का रंग-गान लिए..
आयी बसंत, ऋतुओं की रानी,
चेहरे पर मुस्कान लिए...

यार होली में...

छू कर देख लूँ तुम्हें क्या
यार होली में

चटक के हो गया है
क्यों गाल गुलाल होली में
तुम्हें हर रंग में देखा है
तुम्हें हर रूप में चाहा है
दिल के अब तो जोड़ लो
तार होली में
छू कर देख लूँ तुम्हें क्या
यार होली में

नशा शराब का होता
तो कब का संभल जाता मैं
ये चश्म – आँखों का नशा है
ज़रा मुझको सम्भालो ना
यार होली में

छू कर देख लूँ तुम्हें क्या
यार होली में

दुश्मन अगर सारा जहां भी हो जाए
तुम बाँट लो प्यार होली में
रस्में दुनिया भी है
मौका भी है दस्तूर भी है
अब लगा लो ना गले
दिलदार होली में
छू कर देख लूँ तुम्हें क्या
यार होली में

ये मेरा इश्क़ है
जो तुझे समेटे है मुझमें
जो कर रहें हैं हम
इंतज़ार होली में
वर्ना कहाँ कम है हसीनों का जलवा
और प्यार होली में
छू कर देख लूँ तुम्हें क्या
यार होली में

हमेशा मिले हो ख़्वाबों में
आओ हक़ीक़त में
अब की बार होली में
दिख जाए चाँद हमे भी
हो जाए दीदार होली में
छू कर देख लूँ तुम्हें क्या
यार होली में

हग डे, किस डे भी ढल गया
वैलेंटाइन डे भी गुज़र गया
और हम तो अब भी लिए बैठें हैं रोज़
यार होली में
छू कर देख लूँ तुम्हें क्या
यार होली में
चटक के हो गया है
क्यों गाल गुलाल होली में...

सिलवटें बिस्तर पे हो,
या माथे पे..
वो भी तुमसे थी,
और ये भी तुमसे है...

दिल लगाने की ख्वाहिश है...

इश्क़, हुस्न की फ़रमाइश है,
प्यार, आशिक़ों की आज़माइश है..
टुकड़े टुकड़े समेट कर दिल जोड़ रहा हूँ,
फिर "तुम" से दिल लगाने की ख्वाहिश है..

सोचता हूँ दिल की वसीयत तुम्हारे नाम कर दूँ
तुम्हारे हाथों की लकीरों में अपना नाम कर दूँ
ज़रा कह तो दो तो क्या कुछ गुंजाइश है
क्योंकि "तुम" से दिल लगाने की ख्वाहिश है..

अभी इक बात होटों पर आयी थी
कहो तो कह दूँ
इस दिल ने फिर उमंगें जगायीं थी
कहो तो कह दूँ
दिल के पुर्ज़े पुर्ज़े की ये ही तो फ़रमाइश है
शायद फिर "तुम" से दिल लगाने की ख्वाहिश है..

अब तो प्यार का मौसम भी आ गया देखो
दिले-इज़हार का मौसम भी आ गया देखो
बागे-बाहर का मौसम भी आ गया देखो
तुम भी आ जाओ, ये ही गुज़ारिश है
फिर से "तुम" से दिल लगाने की ख्वाहिश है..

मेरा इंतज़ार तुम हो,
मेरी हर सोच में शुमार तुम हो..
मैं इस तरफ़ हूँ,
शराब के उस पार तुम हो...

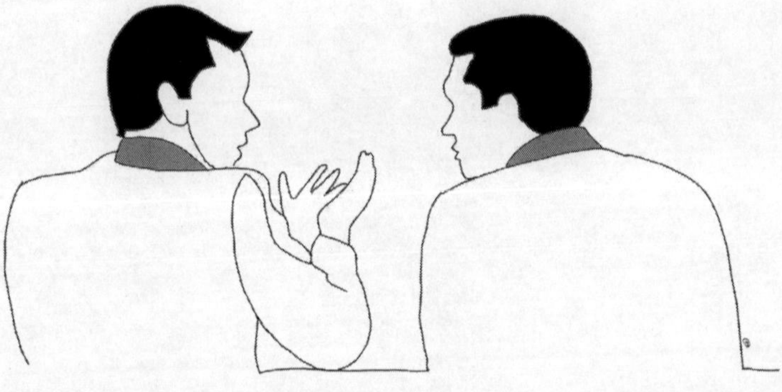

जो होगा देखा जाएगा

प्यार करेगा फिर रोएगा
रातों को जागेगा,
दिन में खुली आँख से सोएगा,
भूत बना फिरता रहेगा
ना नहाएगा ना धोएगा
इश्क़ बहुत ही महंगा सौदा
पक्का धोखा खाएगा
फिर कर के तू पछताएगा...

हम बोले, तेरी ऐसी तेसी
जो होगा देखा जाएगा

पढ़ पढ़ के कुछ किनारा करता
अपना ही तो सहारा बनता
डिग्री, नौकरी, बिज़नेस, धंधा
कुछ तो काम कभी तो बनता

सीरीयस हो जा, काम पे लग जा
देर हुई तो कुछ ना पाएगा...

हम बोले, तेरी ऐसी तेसी
जो होगा देखा जाएगा

ये हैं टेड़े-मेड़े रस्ते
महंगे हैं, नहीं हैं सस्ते
बच बच कर भी लोग हैं फँसते
काम का या बे-काम का चक्कर
बन जाएगा तू घनचक्कर
इस दुनिया के चक्कर में मत पड़
इसमें तू फँसता जाएगा

हम बोले, तेरी ऐसी तेसी
जो होगा देखा जाएगा

शाम के नज़दीक खड़ा है
रात का पहरा थोड़ी दूर पड़ा है
अब तो सुधर जा, अब तो संभल ले
मान ले मेरी बात,

अपने सारे कर्मों का
सारा, हिसाब यहीं चुकाएगा

हम बोले , तेरी ऐसी तेसी
जो होगा देखा जाएगा

Ab humari Sun

आगे देखेंगे Bros
When the bridge come
We will cross
ये gain ही gain है
No loss
अपुन, हार या जीत का जशन
ऐसेच मनाएगा
बाक़ी, दुनिया की ऐसी तेसी
जो होगा देखा जाएगा..

दिल बहलानें को दोस्त,
हर ख़्याल अच्छे थे..
तुम ही न थे बस,
बाक़ी सब हाल अच्छे थे..

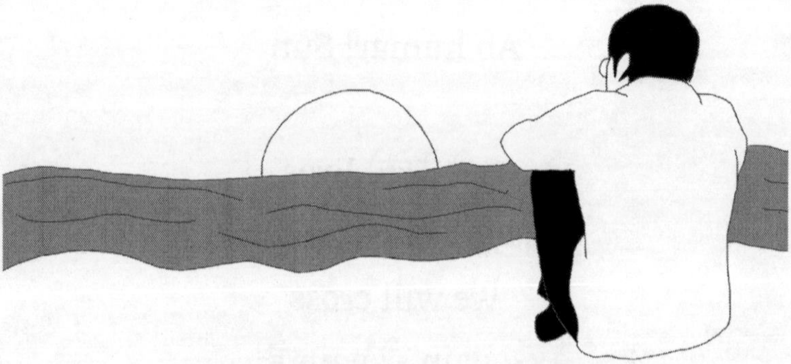

लिये बैठें हैं...

अपनी नींदो में
तेरा ख़्वाब लिए बैठें हैं,
इस दिल में अनसुने से
जज़्बात लिए बैठें हैं..
ख़ुशियाँ बँट सी गयी, छँट सी गयी
अपनो और परायों में,
झोली में ग़मों की
ख़ैरात लिए बैठें हैं..
तूने आँखो में भर आया
पानी ही देखा,
हम तो अंदर पूरा
सैलाब लिए बैठें हैं..
हर बार यूँ नज़र
चुरा के ना निकल,
पूछ तो सही तेरी हर बात का
जवाब लिए बैठें हैं..

तुम मौन हो, मैं शब्द हूँ

इस प्रेम से, निशब्द हूँ...

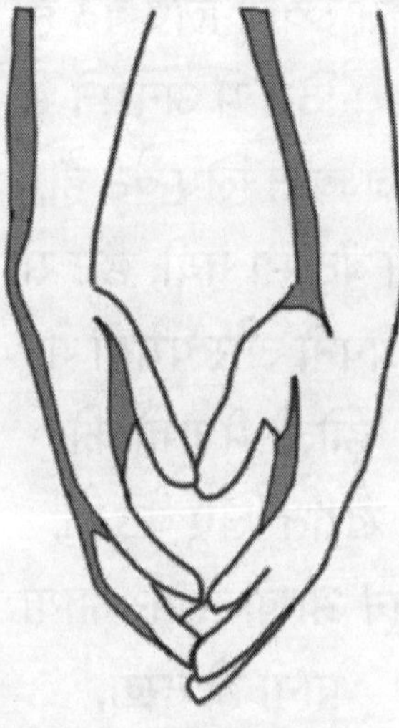

हक़ीक़ी बयानत

वो आवाज़ देकर छुप गया,
मुझे नहीं मिला
मैं इक साँस ले कर रुक गया
फ़ासला वो ही रहा
भीड़ के बीच में
किसी ने हाथ मेरा छू लिया
बस वो एक लम्हा
ज़िंदगी था
वो लम्हा मैं भी जी लिया

ये इंतेज़ार तेरा कुछ
इस कद्र भा गया
मैं अपने आप से
गले मिला और
खुद को खुदी से पा गया
अब ये ज़िंदगी फ़क़त
व्यापार है मेरी

कितना ही बेचा खुद से खुद को
फिर खुद को ख़रीद कर आ गया

मेरा ये हारना
मेरे लिए रहमत बन गया
लो लिखना भी ना आता था
मैं शायर बन गया
इतनी दुआएं माँगी
तेरे हक़ में नामुराद
जो भी ज़ुबाँ से निकला
वो इबादत बन गया

गुज़रेगी बड़े आराम से
रोज़-ओ-शब ज़िंदगी की
यादें, बहुत हैं, काफ़ी हैं
उन गुज़रे हुए लम्हों की
ये सफ़र अब बाक़ी है
थोड़ा, बस थोड़ा सा ही
उम्र भी तो निकल गयी
है अब आशिक़ी की।

तुम सुबह बन
शाम में आ जाओ..
मैं दोपहर सा जल रहा हूँ,
तुम रात की सी ठंडक पहुँचा जाओ..
शाम में आ जाओ...

हमने महसूस कि है...

सवेरी धूप का मीठापन,
सुगंधित शाम की चिरपन..
अपने दिल तक आती,
तेरे दिल की ये धड़कन..
हमने महसूस की है....

हवा में चलती लहरें,
फूलों के खिलखिलाते चेहरे
पत्तों पर सुबह की नमी
और ज़िंदगी में तेरी कमी
हमने महसूस की है...

नदी की बहती धारा,
और संग-संग बहता किनारा..
गिली मिट्टी की महक,
वो चुप-चाप में तेरी चहक..
हमने महसूस की है...

तारों की टिमटिमाहट,
चाँद की जगमगाहट..
नशा तेरी आँखों का,
वो तेरे पैरों की आहट..
हमने महसूस की है...

सावन का यूँ बिखरना,
वो बूँदों का गाल पर गिरना..
कितना हसीन और दुर्लभ,
वो तेरी साँसो की सौरभ..
हमने महसूस की है...

रात से दिन का बिछड़न
धरती से अम्बर का मिलन
गालों पर बालों की बिखरन
और गुज़रे सालों की तड़पन
हमने महसूस की है...

नीले से अम्बर पे छोटा सा बादल,
जियूँ काँधे पे गूँजलाया उलझा सा आँचल..

तुम्हारे गोद में रखकर सर,
वो बातों में लेकिन, अगर और पर..
हमने महसूस की है...

वो पेड़ों का मस्ती में लहराना,
वो हवा का सन-सन कह जाना..
धुंधली यादों में कुछ कुछ यादें,
अनकही बातों में कुछ कुछ बातें..
हमने महसूस की है...

तुम्हारे और मौसम में,
फक्त इक फ़र्क़ इतना है,
वो आता पलट कर है,
तुम जाकर नहीं आते..
मेरे इस इंतेज़ार की,
बारिश थम सी जाती हैं,
तुम्हारे प्यार के बादल,
घुमड़ कर क्यों नहीं आते..

अहसास...

सृष्टि की परिकल्पना है,
समय का इतिहास है..
स्वाँस जब तक चल रही है
तब तलक उल्हास है..
जल ही जल चारों तरफ़ है,
फिर भी कितनी प्यास है..
ये भी है और वो भी है,
क्यूँ फिर ये मन उदास है..
ना तु समझा, ना तु जाना,
ना तुझे आभास है..
खो गया जो इस हृदय में,
वो तेरा अहसास है..
हाँ वो तेरा अहसास है....

तुम्हारे “तुम” में,“मैं” हमेशा था,
हमारे “हम” में बस, “तुम” नहीं..
तुम्हारे होने का अहसास,
हर पल साथ है मेरे,
इसी होने में ही तो बस “तुम” नहीं...

दिल...

तुम से बिछड़ कर,
ज़माने गुज़र गए..
पर ये दिल है के,
"झील के पत्थर" पे बैठा है..

वो भी तो भीगा होगा
ये बरसात "देख कर"..
बादलों का झुरमुट,
मेरे कानो में धीमे से ये कहता है..
ये जो दिल है वो
झील के पत्थर पे बैठा है...

सजी हर महफ़िलों में
हर हसीं फीकी लगती है
कि जैसे आँख कोई
बाट जो तरसती है
उन्हीं आँखों में इक ख़्वाब

धीमे से चमकता है..
वो ही ख़्वाबों के हक़ीक़त के
इंतज़ार में बैठा है
पर ये दिल है के,
झील के पत्थर पे बैठा है...

तुम बिन हम रोये नहीं,
पर चैन से सोये भी नहीं..
ख़्वाब यूँ ही बिखर गए,
हमने फिर वो पिरोए भी नहीं...

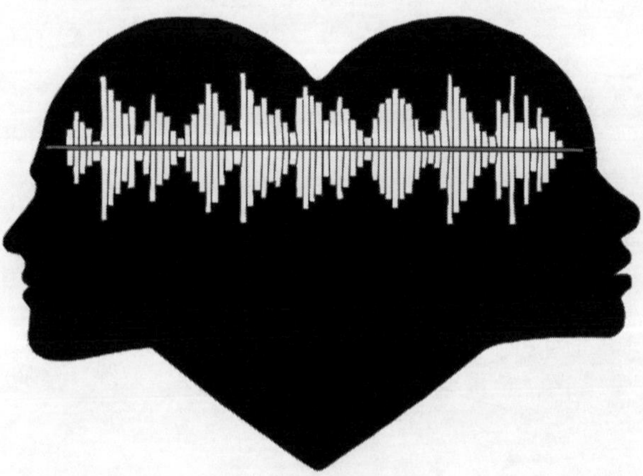

मेरे हमराज़

ख़ामोश ज़िंदगी के छुपे
कुछ साज़ हो जाये,
दबी जो दिल में थी आवाज़,
वो आवाज़ हो जाये,
जो रह गए थे कभी लिपट कर
माज़ी के आग़ोश में,
चल आ बैठ, वो सारे राज़
मेरे हमराज़ हो जाये...

मेरे कहने और तेरे सुनने में
क्यूँ फ़र्क़ लगता है
मैं जो कहता हूँ,
उसमें दिल का बहुत सा दर्द लगता है
कभी तो ये पहुँचता था
तुम्हारे दिल के भीतर तक
अब कानो के बाहर ही दिए
दस्तक ठहरता है

आ उसी आवाज़ का दिलबर
फिर से अहसास हो जाए
चल आ बैठ, वो सारे राज़
मेरे हमराज़ हो जाये...

नींदो में सपनो के
जज़ीरे याद करते हैं
ख़्वाबों की किताबों के
फूल फ़रियाद करते हैं
कभी जो हमने खाईं थी वो क़समें,
वो वादे इरादे याद करते हैं
उस क़सम की क़सम तुझको
नया आग़ाज़ हो जाए
चल आ बैठ, वो सारे राज़
मेरे हमराज़ हो जाये...

चाँद बादलों को ओड़े, लेटा था,
नींद ने पलकों में ख़्वाब देखा था..
तारे टीम टीमाती लोरी गाते रहे,
सूरज अपनी ही फ़िराक़ में बैठा था..
इस रात दिन के खेल में "मैं" खर्च हो गया,
वो आता-जाता रहा, शायद हवा का झोंका था,
चाँद आँखें खोले, बादलों को ओड़े, लेटा था..

प्रकृति प्रेम

जीवन अपने होने का
कुछ प्रमाण तो देता ही है
कभी ज़मीं तो कभी पलट कर
आसमाँ तो देता ही है
कभी बहारों की सैर कराए
और ख़िज़ाँ का रंग दिखलाए
कभी तारों की बारातें
कभी तिमिर सी काली रातें
कभी सुकून की कुछ सौग़ातें
कभी व्यथा का कुछ सामान तो देता ही है
जीवन अपने होने का
कुछ प्रमाण तो देता ही है...

वसुधा से ले ले कर हम
देना शायद भूल गए
नए शहरों की चाहत में
गाँव पुराना भूल गए

भूल गए हम पेड़ लगाना
पानी बचाना भूल गए
भूल गए हम पंच तत्व
धरा को बेहतर बनाना भूल गए
भूल गए चिड़िया और बुलबुल
चह-चाहना भूल गए
बाढ़-भूकंप और त्रासदी
ईश्वर हमारे कर्मों का
कुछ परिणाम तो देता ही है
जीवन अपने होने का
कुछ प्रमाण तो देता ही है...

सागर की सुंदर लहरें जो,
ऊपर और नीचे जाती हैं..
ये जीवन जीने की कला का,
हर क्षण आभास कराती हैं..
नदियाँ बहती, कल कल कहती,
पल पल आगे बड़ती हैं..
पहाड़, पेड़, पशु और मानव,
सबका जीवन भरती हैं..

हम समझे या ना समझे,
हर व्यक्ति में हर शक्ति में,
कुछ निशान तो देता ही है..
जीवन अपने होने का,
कुछ प्रमाण तो देता ही है...

बहुत सोचते हैं,
आँखों से गुज़र जाती है...
ज़िंदगी कुछ सवाल,
कुछ जवाब बन रह जाती है...

छोड़ दिए...

ये बात तब की है जब हम बच्चे थे
रिश्ते भी अच्छे थे और हम सच्चे थे
वो भूल भुलाइए रस्तों पर पैरों के निशाँ छोड़ दिए
उन टूटी फूटी तंग गलियाँ में अपना आसमाँ छोड़ दिए
जो सब मैं छोड़ के आया हूँ
उसमें यादों का बक्सा था,
वो अभी यहीं पर खोलूँगा
पर अरे, उस बक्से पर ताला कर के
चाबी कहाँ पर छोड़ दिए
उन बंद तालों में नातों को
कुछ प्यारी सी बातों को
कुछ खिलौने, छत के बिछौने
गिल्ली डंडा और टायर साइकिल के
लट्टू की रस्सी और पत्थर पिट्ठू के,
छत और चाँद सितारे सारे
कहीं कहीं हम छोड़ दिए
उस दुनिया की सारी यादें
वहीं कहीं हम छोड़ दिए।

वहाँ के पड़ोस
वहाँ की पड़ोसन
वहाँ की चटपटी दाल,
वहाँ के आटे-बेसन
वहाँ की पालक-तरकारी
वहाँ के अदरक लस्सन
सब छोड़ दिए
उस दुनिया की सारी यादें
वहीं कहीं हम छोड़ दिए।

वहाँ का राग, वहाँ का गाना
और ट्रांज़िस्टर का हस्स्स् हस्स्स
शोर मचाना
स्कूटर टेडा कर किक लगाना
सब वहीं पर छोड़ दिए
वहाँ का टीवी का ऐंटेना,
घुमा घुमा कर छोड़ दिए
उस दुनिया की सारी यादें
वहीं कहीं हम छोड़ दिए।

जब से वो गलियाँ छोड़ी हैं
वो दोस्त पुराने छोड़ दिए
वो लोटपोट चम्पक नंदन के
क़िस्से सुहाने छोड़ दिए
वो जादू के कुछ घिसे पिटे
नुस्ख़े आज़माने छोड़ दिए
वो गीत पुराने छोड़ दिए
वो ताने बाने छोड़ दिए
नए दिनों के चक्कर में
वो दिन पुराने छोड़ दिए
उस दुनिया की सारी यादें
वहीं कहीं हम छोड़ दिए।

छोड़ दिए वो चाट पुरानी,
इमली-पीपेरमेंट छोड़ दिए
छोड़ दिए बुड्डी के बाल
गली की क़ुल्फ़ी छोड़ दिए
अब पीते प्लास्टिक में पानी,
ओक लगा कर पानी पीना छोड़ दिए
उस दुनिया की सारी यादें
वहीं कहीं हम छोड़ दिए।

याद यादों की आती है
सारी बातों की आती है
हर चेहरे की झुर्रियां हमको
इक कहानी सुनाती है
वो उन अखियों और
झुर्रियों में, अपनी जवानी छोड़ दिए
उस दुनिया की सारी यादें
वहीं कहीं हम छोड़ दिए।

ये बात तब की है जब हम बच्चे थे
रिश्ते भी अच्छे थे और हम सच्चे थे।

तुम हो वहीं कहीं,
मैं हूँ यहीं कहीं..
ढूँढते हैं दोनों इक दूसरे को,
पर मिलता कोई नहीं कहीं...

दूर कहीं...

पंख परिंदा, रंग चुनिंदा,
आसमान के आँचल पर..
दूर चलें, चलो दूर चलें,
हो के सवार हम बादल पर..
बादल साफ़ सुनहरा सा हो,
हल्का नीला गहरा सा हो,
बिलकुल तेरा चेहरा सा हो..
वहीं जहाँ धरती से अंबर,
मिलें क्षितिज के काजल पर..
दूर चलें, चलो दूर चलें,
हो के सवार हम बादल पर...

वहाँ कहीं कुछ सतरंगी
रंगो का इक बसेरा हो
सुंदर सुंदर मीठी मीठी
धूप का जिसने घेरा हो
कुछ धुंधली धुंधली रात सी हो

और हल्का फुल्का सवेरा हो
जो भी हो जितना भी हो
वो सब तेरा-मेरा हो
चल जीवन की नाँव चलाएँ
पानी की कल-कल लहरों पर..
दूर चलें, चलो दूर चलें,
हो के सवार हम बादल पर...

मेरी परछाईं बढ़ती जाती है
शायद धूप अब ढलती जाती है
घटती हुई इस उम्र में देखो
ज़िंदगी आगे बढ़ती जाती है
पीछे मुड़ कर भी देखूँ तो
धूप खड़ी मुसकाती है
आशा हो, रहे साथ तुम्हारा
मेरे जीवन के हर पल पर
दूर चलें, चलो दूर चलें,
हो के सवार हम बादल पर...

तुमसे मिला फिर में..
बंद आँखों के पीछे,
जहां मैं रोज़ मिलता हूँ..
तुम्हें मुझसे मिले सदियाँ हुई,
मैं तुमसे रोज़ मिलता हूँ...

इश्क़ पुराना...

तड़पते और झुलसते हैं,
तेरी यादों की गर्मी में..
मोहब्बत का वो शीतल सा,
सावन याद आता है..
कहीं छोड़ा था बूँदो को,
तेरी ज़ुल्फ़ों के गुंजल में..
मुझे बारिश का वो,
गीला सा मौसम याद आता है

मेरे कॉलर में तेरी,
कुछ महक अब भी है बाक़ी..
तेरा काँधे पे रखा सर,
बहुत ही याद आता है..
भुलाना भी मैं चाहूँ तो,
भुला ही नहीं सकता..
मेरी ख़यालों में वो,
ख़ामोश चेहरा आता-जाता है...

तेरे ख़त जब भी पढ़ता हूँ,
लफ़्ज़ों में बिखरता हूँ..
जाने क्यूँ वो ख़त लिखना,
लिखाना याद आता है..
कभी कानों में गूंजा था,
इक गीत मोहब्बत का..
उन्हीं ख़ामोश होंठों का,
गुनगुनाना याद आता है...

बीते हैं कई साल
गुज़र भी तो गई ज़िन्दगी
पर अब क्यूँ वो गुज़रा
ज़माना याद आता है
कितने ही तो क़िस्से थे
कितनी थीं कहानियाँ
मेरी आँखों के आगे
हर फ़साना याद आता है

मैं अक्सर बे-सबब मुस्कुरा देता हूँ,
जब वो मौसम सुहाना याद आता है..
अब भी मीठे लम्हों की बारिश में,
वो इश्क़ पुराना याद आता है....

काश "मैं", "मैं" ना होता
काश "तुम", "तुम" ना होते..
काश "तुम" में, कुछ "मैं" होता
काश "मैं" में कुछ, "तुम" होते..

प्रेम का सावन

अब के सावन में,
ऐसी बरसात हो जाए..
भीग जाएँ दिन मेरे,
और नम मेरी रात हो जाए..
चाय की चुस्कियों में भी,
ख़ुशबू तुम्हारी हो..
सावन के इन झूलों में,
मेरे जज़्बात खो जाए...

बादल भी कर रहें हैं
गुस्ताखियाँ बहुत
कह दो उन्हें के चुप चाप रहें
मेरे महबूब से मेरी
बात तो हो जाए
अब के सावन में
ऐसी बरसात हो जाए...

दिल में आग है,
सीने पर बरसता पानी..
चल मेरे इश्क़ की,
तेरे हुस्न से,
इक मुलाक़ात हो जाए..
अब के सावन में,
ऐसी बरसात हो जाए..

दिल की किताब का,
इक पन्ना गुलाब है..
जहां से भी देखूँ तुझे,
तू लाजवाब है..
मेरे सवालों का भी,
कुछ जवाब हो जाए..
अब के सावन में,
ऐसी बरसात हो जाए..

वो कश्तियाँ मेरी,
पानी में बह चली..
वो झूमती इठलाती,

लहरों की हो चली..
जैसे हम और तुम,
साथ साथ हो जाए..
अब के सावन में,
ऐसी बरसात हो जाए...

तू भूला दे मुझे,
ये मुमकिन नहीं..
दिलो-दिमाग़ में हूँ तेरे,
और मेरा कोई घर नहीं..
वहीं रहने दे मुझे, चल,
किराए की बात हो जाए..
अब के सावन में,
ऐसी बरसात हो जाए..

मिलें कैसे और,
बात कैसे हो..
तेरे घर के चक्कर लगा रहा हूँ,
मुलाक़ात कैसे हो..
सबको सुला के,

आ जाना छत पर,
जब रात हो जाए..
अब के सावन में,
ऐसी बरसात हो जाए..

ख़्वाबों में आना जाना तो,
चल ही रहा है
यूँ रूठना मनाना तो,
चल ही रहा है..
और बे वजह आज़माना भी तो,
चल ही रहा है..
हक़ीक़त में आओ तो,
दो टूक बात हो जाए..
अब के सावन में,
ऐसी बरसात हो जाए..

तुझको भी हो सकता है,
कभी "इमर्जन्सी" हो..
मेरी ज़रूरत भी हो,
और "वेकन्सी" हो..

दिल में ही तो हूँ,
दरवाज़े पे “नॉक” हो जाए..
अब के सावन में,
ऐसी बरसात हो जाए..

तुम्हारे "तुम" पे "मैं" लिखता गया,
मेरे "मैं" को लोग जानने लगे..
यूँ ही बेख़बर "तुम" बैठी रहो,
लोग मुझको "मैं" में पहचानने लगे..

वो...

चढ़ती थी पहाड़ों पर,
मटकती और मचलती सी..
वो बारिश की बूँदो सी,
बहकती सी भटकती सी..
देखा उसे मैंने पानी,
भर रही थी वो..
वो थी पीतल की गागर सी,
उछलती और छलकती सी...

ज़ुल्फ़ें गाल पर बिखरी,
चिपक कर अटकी ठहरी सी..
लगे वो आग दोपहरी,
दहकती सी धधकती सी..
चले जो पैर नंगे वो,
तो पत्थर भी पिघल जाएँ..
वो पैरों की पायल थी,
धनकती सी, छनकती सी..

मेरी साँसो में अब भी हैं,
कुछ-कुछ थोड़ी थोड़ी सी..
वो महसूस होती है,
सुगंधित सी महकती सी..

क्या आँखें थी उसकी,
उजली सी, चमकती सी..
क्या बातें थी उसकी,
लहकती सी चहकती सी..
मेरी ख़ामोश नज़रें एक टक,
यूँ उसको देखे थी..
ज्यूँ मदहोश कोई शाम,
बिखरती सी निखरती सी..
चमक उस चाँद की फीकी,
सितारे भी तो शरमाएँ..
उन्हीं तारों की बाहों में,
टिमकती सी दमकती सी...

ज़िंदगी यूँ ही चलती गई,
हम भी यू ही चलते गए..
आग के दरिया में,
कुछ झुलसते गए,
कुछ जलते गए..

समय...

सूरज को बूढ़ेपन का अहसास हो गया
ज़रा सी धुँध क्या हटी सब साफ़ हो गया
मैं बरामदे में बैठा ज़िंदगी निहारता रहा
समय चुप-चाप से..
अपने-आप से इतिहास हो गया
सूरज को बूढ़ेपन का अहसास हो गया
ज़रा सी धुँध क्या हटी सब साफ़ हो गया
अभी आज, फिर कल, फिर परसों हो गया
धीरे धीरे सिमट कर सब बरसों हो गया
यादों के झरोखे भी कुछ धुँधलाने लगे
संदूक से मानो के सामान साफ़ हो गया
कभी जो ऊषा-किरण से अभिभूत रहता था
उसे शाम की सतरंगी का आभास हो गया
सूरज को बूढ़ेपन का अहसास हो गया
ज़रा सी धुँध क्या हटी सब साफ़ हो गया
बुला रहा है दूर कोई बंद दरवाज़ों से
अभी आयी है इक आवाज़ मेरी यादों से

पलट कर देख लूँ, पर ये मुमकिन नहीं है
भँवर के बीच से दिखता कोई साहिल नहीं है
बदला वक़्त तो, हर एक लम्हा ख़ास हो गया
सूरज को बूढ़ेपन का अहसास हो गया
ज़रा सी धुंध क्या हटी सब साफ़ हो गया।

"तुम" से बिछड़ के,
ख़ुद तक आ गया हूँ "मैं"..
अब ख़ुद से बिछड़ के,
और कहाँ जाऊँ "मैं"..
इंतेज़ार मेरा इक इम्तिहान है,
अब देखते हैं और क्या है "निसाब" में..

जो ज़िंदगी छाँव में चलती तो कुछ कहाँ होता...

“सफ़र जब धूप में चला
तो तजुर्बा हुआ
जो ज़िंदगी छाँव में चलती
तो कुछ कहाँ होता...”
जो ज़िंदगी छाँव में चलती
तो कुछ कहाँ होता...

नज़र के फेर ने
रिश्ते-रस्ते बदल दिए
अगर वो ना होता
जो जहाँ होता वहाँ होता...
जो ज़िंदगी छाँव में चलती
तो कुछ कहाँ होता...

मेरी तलाश अब भी जारी है
सब खो के पाने की

मैं तुझे ढूँढ ही लेता
अगर तू वो ही होता, और वहाँ होता
जो ज़िंदगी छाँव में चलती
तो कुछ कहाँ होता...

ख़ामोशी बोलती रही
लफ़्ज़ कह ना सके
बात बन ही जाती
होटों से ग़र बयाँ होता
जो ज़िंदगी छाँव में चलती
तो कुछ कहाँ होता...

दिल तो तेरा भी करता होगा
मुझसे मिलने को
ज़माना जानता है धुएँ की फ़ितरत को
ग़र आग न होती तो धुआँ कहाँ होता
जो ज़िंदगी छाँव में चलती
तो कुछ कहाँ होता...

अब जब भी मिलोगी
तो खुल कर मिलना

ये ज़रा सी ज़मीं से, ज़रा सा आसमाँ
क्या मिलता और कहाँ मिलता
जो ज़िंदगी छाँव में चलती
तो कुछ कहाँ होता...

ख़बर कुछ ऐसी अख़बारों में
उसने छपवाई
अगर वो ना छपती
तो वो हादसा कहाँ होता...

"सफ़र जब धूप में चला
तो तजुर्बा हुआ
जो ज़िंदगी छाँव में चलती
तो कुछ कहाँ होता..."

प्राप्त और अप्राप्त के
बीच का सफ़र है
कुछ पूरा सा हो गया,
थोड़ी सी बस कसर है..

मेरे दोस्त-मेरे यार

दोस्तों से मिलना मिलाना
अच्छा लगता है
इधर की, उधर की,
जिधर की भी, ना जाने किधर-किधर की
बातें-बतियाना अच्छा लगता है

चुप-चाप ही सही, बे-बात ही सही
टाइम बिताना अच्छा लगता है
यूँ ही हँसना-मुस्कुराना
अच्छा लगता है

कैसे, क्यूँ, कौन, कब, कहाँ
सवालों को छोड़ कर
बे-वजह सुनना-सुनाना
अच्छा लगता है
यूँ ही हँसना-मुस्कुराना
अच्छा लगता है

आँखों की चमक
यूँ ही नहीं बरकरार है साहब
चेहरे की दमक
यूँ ही नहीं खिलता गुलाब है साहब
ये असर तो
इनके असर के असर का है
इस लिए संग बैठना-बिठाना
अच्छा लगता है..
यूँ ही हँसना-मुस्कुराना
अच्छा लगता है

हमारी महफ़िलों में
आओगे जाओगे तो जान जाओगे
धीरे धीरे ही सही पहचान जाओगे
और मैं जो कह रहा हूँ ना
वो सब मान जाओगे
हमें हर रिश्ते को
बड़े ही तरीक़े से निभना-निभाना
अच्छा लगता है
यूँ ही हँसना-मुस्कुराना
अच्छा लगता है

हम साथ हैं कई ज़माने से,
और ज़माने तक रहेंगे साथ
ज़ाहिर है ज़िंदगी के
आख़िरी पैमाने तक रहेंगे साथ
इसलिए पीना-पिलाना
अच्छा लगता है
दोस्तों से मिलना-मिलाना
अच्छा लगता है
यूँ ही हँसना-मुस्कुराना
अच्छा लगता है॥

जब पंक्तियों की प्रतिध्वनि पढ़ने के बाद भी गूंजती रहे, जब शब्द एक अलौकिक-सी लय में नृत्य करते अपनी अनुकृति का एहसास करवाएँ, तब समझिए कविता वहाँ पहुँच गई जहाँ के लिए निकली थी क़लम से। विनोद की कृति में श्रृंगार में भी कभी संताप है, और संताप में भी श्रृंगार है। ख़ुद तैर कर देखिए इस दरिया में, कभी लहरों के साथ, कभी लहरों के विरूद्ध।

-किशोर अजवाणी
न्यूज़ 18

आपका स्वागत विनोद जी, आपकी पुस्तक 'जो आधा अधूरा कह दूँ तो' अभी सरसरी तौर पर ही देख पाया हूँ, लेकिन जितनी पढ़ पाया, आपके संवेदनशील मन को करीब से जानने का सुअवसर मिला। खासतौर से ऐसा अहसास - 'मेरी खामोश जिन्दगी का सफर तन्हा है, बाहर तो भीड़ बहुत है, मगर घर तनहा है !'
आपको बधाई और हार्दिक शुभकामनाएं॥

-नंद भारद्वाज

21 वीं सदी की इक्कीस कविताओं का संग्रह की मूल प्रेम है। कवि विनोद कुमार पहिलाजनी ने कविताओं की वर्णमालाओं के सौंदर्य बोध को पिरोया है। इसके लिए कवि विनोद जी की जितनी भी तारीफ की जाए, कम है।

अरविंद कुमार सिंह
दैनिक भास्कर, उत्राखण्ड

'जो आधा-अधूरा कह दूँ तो...'; विनोद कुमार जी का यह काव्य-संग्रह प्रेम की इक्कीस कविताओं का दस्तावेज़ है। मूल में प्रेम हो तो चेहरे पर नूर उतर ही आता है। ठीक ऐसे ही इस संग्रह का कलेवर इतना मनमोहक है कि इसके भीतर विद्यमान प्रेम की अनुभूति उसमें झलक रही है।

इन कविताओं की सबसे ख़ास बात यह है कि अनावश्यक अलंकरण से इन्हें कृत्रिम बनाने की बजाय कवि ने बेहद सादा मनोभावों को पूरी सादगी के साथ जस-का-तस अभिव्यक्त कर दिया है।

-अरुण जैमिनी

विनोद कुमार पहिलाजानी रदीफ़-क़ाफ़िये मिलाने के इस खेल को पूरी रुचि से खेलते जान पड़ते हैं। भाषायी सरहदों का सवाल भी उनके लिये कोई अधिक अर्थ नहीं रखता है। उन्होंने अपनी रचनाओं में हिन्दी और उर्दू के साथ-साथ देशज शब्दों का प्रयोग भी ठसक से किया है। अरबी-फ़ारसी अल्फ़ाज़ का इस्तेमाल उनके शब्दकोशीय-ज्ञान को भी दर्शाता है। विनोद कुमार पहिलाजानी की रचनाएँ एक मिश्रित ज़बान में कही गयीं मिली-जुली सी रचनाएँ हैं।

-लोकेश कुमार सिंह 'साहिल'

जो आधा अधूरा कह दूँ तो..
पुस्तक का सफर

साहित्य
Tak
हर घर
तिरंगा
लहराते हैं
Har Ghar Tiranga | घर-घर
में और हर घर में तिरंगा लहरा...
Sahitya Tak · 871 views · 1 day...

PROGRESSIVE EDUCATION SOCIETY'S
Book Talk · Book Fair
APRIL

POET OF THE YEAR
LITERARY
AWARDS
VINOD KUMAR PAHLAJANI
Author of

रात रात भर तुमको गाया,
सुबह छपे अख़बार में...

-प्रियांशु गजेन्द्र..

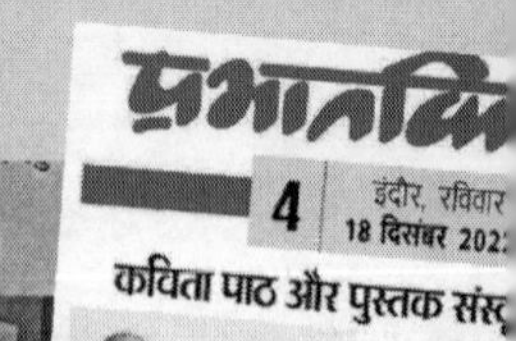

ये कविताओं का संकलन भी एक प्रेम की अभिव्यक्ति है, "...हूँ तुम्हारा", जिसका स्रोत हर वो मनुष्य है जिसने प्रेम की अपेक्षा किए बिना निश्छल प्रेम किया। मैं हर उस व्यक्ति को प्रणाम करता हूँ जो इसमें जाने अनजाने प्रेरणा स्रोत बने। मेरा प्रणाम, अपने माता-पिता को मुझे उच्च शिक्षा प्रदान करने व विरासत में लेखन का योगदान देने के लिए ।

मैं धन्यवाद करता हूँ, इस उलझें हुए विचारों को समक्ष रखने के लिए मैं अपनी अर्धांगनी, व लेखन को उचित रूप में प्रस्तुत कराने वाली आलोचक, डॉक्टर आशा, सुपुत्रियाँ सुश्री उर्वशी, सुश्री मंजिष्ठा, जिन्होंने बिखरी हुई कविताओं को व पुस्तक की रचना व बनावट में अपना सम्पूर्ण योगदान दिया व सुपुत्र श्री सर्वेश को उनके वाचन व अभिलेखबद्ध करने में सहायक रहे। अंतिम लेकिन किसी से कम नहीं मैं बहुत आभारी हूँ हमारे प्रकाशक श्री प्रशांत गुप्ता जिनकी अभूतपूर्व परिश्रम का नतीजा है ये पुस्तक॥